PROJET DE LOI

SUR

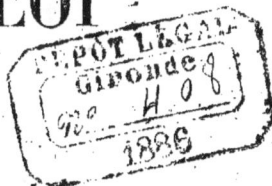

LES CIRCONSTANCES TRÈS ATTÉNUANTES

RAPPORT

PRÉSENTÉ

Par M. E. OLIVE

CONSEILLER A LA COUR D'APPEL

BORDEAUX

IMPRIMERIE G. GOUNOUILHOU

11, RUE GUIRAUDE, 11

1886

RAPPORT

PRÉSENTÉ

A LA COUR D'APPEL DE BORDEAUX

AU NOM DE LA COMMISSION CHARGÉE D'EXAMINER

LE PROJET DE LOI

SUR

LES CIRCONSTANCES TRÈS ATTÉNUANTES [1]

Par M. E. OLIVE

Conseiller à la Cour d'appel.

MESSIEURS,

A la séance du Sénat du 4 mai 1885, un membre éminent de la haute Assemblée, M. Bozérian, a déposé un proposition de loi ayant pour objet :

1º De modifier l'article 341 du Code d'instruction criminelle, et d'ajouter une disposition à l'article 463 du Code pénal, afin de permettre au jury de reconnaître l'existence de *circonstances très atté-nuantes,* auquel cas la Cour aurait non l'obligation mais la faculté d'appliquer les dispositions de l'article 401, relatives à l'emprisonnement et à l'amende, sans pouvoir élever la peine de l'emprisonnement au-dessus de deux ans, ni l'abaisser au-dessous de trois mois.

2º De modifier le dernier paragraphe du même article 463 relativement au taux de l'amende qui, en cas d'admission de circonstances atténuantes, peut être substituée à l'emprisonnement.

La Commission, à l'examen de laquelle le Sénat a renvoyé cette proposition, a conclu à son adoption avec certains amendements.

Au nom de la Commission, l'honorable M. Bozérian a déposé son rapport le 1er mai 1886.

[1] Cette Commission était ainsi composée :
 Président : M. Boulineau, président de chambre ;
 Membres : MM. Habasque, conseiller-doyen ;
  Bernardy de Sigoyer, conseiller ;
  Olive, conseiller ;
  Calvé, conseiller ;
  Valler, avocat général.

Ⓒ

Le Sénat, dans la séance du 6 avril dernier, a procédé à une première délibération, à la suite de laquelle il a ordonné le renvoi de la proposition à M. le Ministre de la justice, afin que la Cour de cassation et les Cours d'appel pussent être consultées.

La Commission que vous avez nommée à l'effet d'examiner cette proposition de loi, m'a fait l'honneur de me confier la mission de vous exposer les résultats de ses études.

Messieurs, le texte proposé par la Commission du Sénat, et sur lequel la Cour est appelée à émettre son avis, est ainsi conçu :

ARTICLE PREMIER. — L'article 341 du Code d'instruction criminelle est ainsi modifié :

« En toute matière criminelle, même en cas de récidive, le Président, après avoir posé les questions résultant de l'acte d'accusation et des débats, avertit le jury, à peine de nullité, que, s'il pense à la majorité qu'il existe en faveur d'un ou de plusieurs accusés reconnus coupables, des circonstances atténuantes, *ou même très atténuantes,* il doit en faire la déclaration en ces termes : « A la majorité, il y a des circonstances atténuantes » ou « *il y a des circonstances très atténuantes* en faveur de l'accusé... » (La suite comme à l'article.)

ART. 2. — Le dernier paragraphe de l'article 463 du Code pénal est remplacé par les paragraphes suivants :

« *Lorsque les circonstances auront été reconnues très atténuantes par le jury, la Cour appliquera les dispositions de l'article 401 relatives à l'emprisonnement et à l'amende, sans pouvoir élever la peine de l'emprisonnement au-dessus de deux ans ni l'abaisser au-dessous de trois mois.*

» Dans tous les cas où la peine de l'emprisonnement et celle de l'amende sont prononcées par le Code pénal, si les circonstances paraissent atténuantes, les tribunaux correctionnels sont autorisés, même en cas de récidive, à réduire l'emprisonnement même au-dessous de six jours et l'amende même au-dessous de 16 francs ; ils pourront aussi prononcer séparément l'une ou l'autre de ces peines et même substituer l'amende à l'emprisonnement, sans qu'en aucun cas elle puisse être au-dessous des peines de simple police.

» *Dans le cas où l'amende est substituée à l'emprisonnement, si la peine de l'emprisonnement est seule prononcée par l'article dont il est fait application, le maximum de cette amende sera de 3,000 francs.* »

Ce texte, Messieurs, ne saurait être isolé du remarquable rapport qui l'accompagne et qui, dans un langage toujours empreint d'une grande élévation de pensée, met en relief le but et la portée de la grave innovation qu'il s'agit d'introduire dans notre système pénal. Aussi, la Cour voudra-t-elle nous permettre de placer immédiatement sous ses yeux les passages les plus caractéristiques de cet important document.

« La présente proposition de loi, dit M. Bozérian, comprend deux » parties distinctes.

» La première a pour objet une modification aux dispositions de » l'article 341 du Code d'instruction criminelle relatif à la déclaration » des circonstances atténuantes, et, par voie de conséquence, une addi- » tion à l'article 463 du Code pénal.

» La seconde a pour objet une modification au dernier paragraphe » de ce même article 463.

Première partie. — Au moment où cette proposition a été déposée » (4 mai 1885), plusieurs acquittements récemment prononcés par » le jury dans de retentissantes affaires d'assassinat, de meurtres, de » coups et blessures volontaires, avaient vivement ému l'opinion » publique.

» Depuis ce dépôt, le nombre de ces acquittements a encore aug-

» menté; dès accusés de crimes d'infanticide, de faux, de banqueroute
» ou d'incendie, ont rencontré la même indulgence auprès du jury,
» et bénéficié de la même impunité.

» Cette situation, qui a éveillé la sérieuse attention des publicistes
» et des jurisconsultes, a inspiré à l'auteur de la présente proposition
» les réflexions suivantes, qu'il a consignées dans son exposé des
» motifs :

« Quelque intéressante, a-t-il dit, que fût la situation des personnes
» accusées, quelque explicables que fussent les motifs qui avaient
» poussé quelques-unes d'entre elles à se faire justice elles-mêmes, on
» s'est demandé si de pareils spectacles n'offraient pas de sérieux
» périls, quand ils devenaient si fréquents; on s'est préoccupé d'un
» état de choses dans lequel aux attaques dirigées contre la persis-
» tance de certains verdicts le jury persiste à répondre par l'habitude
» de certains acquittements.

» On s'est également ému de ce fait que, lorsqu'au lieu d'aboutir à
» un crime, l'acte coupable n'aboutit qu'à un délit, la situation du
» prévenu justiciable de la police correctionnelle est pire que celle de
» l'accusé justiciable de la Cour d'assises. On se fait difficilement à
» cette idée que, tandis que le délit aboutit à la certitude de la puni-
» tion, le crime aboutit à la vraisemblance de l'impunité. Pourquoi
» se borner à la violence, si, au point de vue de la responsabilité pé-
» nale, le meurtre offre moins de dangers ?

» La morale ne trouve pas son compte à ce jeu : c'est une partie
» dans laquelle, à un moment donné, l'institution du jury pourrait
» se trouver compromise. »

» La Commission du Sénat a reconnu la justesse de ces réflexions.

» S'associant à la pensée de l'auteur, elle s'est alors demandé,
» comme lui, à qui devait incomber la responsabilité de cette situation.

» Incombe-t-elle exclusivement au jury? N'incombe-t-elle pas aussi
» au législateur ? A vrai dire, elle incombe à l'un et à l'autre; mais
» elle incombe surtout au second.

» Lorsque, porte l'exposé des motifs, pour réaliser ses conceptions
» théoriques, le législateur a distribué les rôles que le juré et le ma-
» gistrat sont appelés à jouer dans le drame de la Cour d'assises, lors-
» qu'il a attribué au premier le droit de déclarer la culpabilité, au
» second celui d'appliquer la peine, il ne s'est pas placé sur un ter-
» rain suffisamment pratique.

» Lorsque, s'adressant aux jurés par l'organe du chef du jury,
» ainsi que le veut l'article 342 du Code d'instruction criminelle, il
» leur rappelle qu'ils doivent s'attacher uniquement aux faits qui
» constituent l'accusation et qui en dépendent, lorsqu'il leur dit qu'ils
» manqueraient à leur premier devoir si, pensant aux dispositions des
» lois pénales, ils considéraient les suites que peut avoir, par rapport à
» l'accusé, la déclaration qu'ils ont à faire, il a expliqué fort claire-
» ment l'étendue du mandat dont il a entendu les investir.

» La mission qu'il a confiée au jury n'a pas pour objet, comme le
» déclare cet article 342, la poursuite ou la punition des délits; ils ne
» sont appelés que pour décider si l'accusé est ou non coupable du
» crime qu'on lui impute.

» En théorie, tout cela est possible; mais en pratique, tout cela est
» impossible.

» En demandant aux jurés de ne jamais se préoccuper de la peine,
» le législateur leur a demandé plus qu'il n'en pouvait obtenir.

» Lorsqu'en prenant possession de leurs redoutables fonctions, les
» jurés prêtent le serment dont l'article 312 a formulé la teneur, ils
» promettent bien de mettre au service de ces fonctions l'impartialité
» et la fermeté qui conviennent à un homme probe et libre; mais ils
» ne promettent pas, et ils ne pourraient promettre de s'abstraire des
» préoccupations qui peuvent assaillir cette probité, qui peuvent com-
» promettre cette liberté.

» Si ces jurés sont des juges, ils sont aussi des hommes; on ne peut
» pas les empêcher de juger humainement.

» Le législateur a beau dire, il aura beau faire; au moment de
» déposer son vote, le juré a toujours pensé, et il pensera toujours aux
» conséquences pénales de son verdict. S'il a tort d'empiéter sur son
» droit, *le législateur a eu tort d'empiéter sur sa conscience.*

» Par lui-même ou par l'un de ses voisins, ce juré sait que, alors
» même qu'il accorderait à l'accusé des circonstances atténuantes, si
» la peine prononcée par la loi est la mort, la peine ne peut descendre
» au-dessous des travaux forcés à temps; que si la peine est celle des
» travaux forcés à perpétuité, elle ne peut descendre au-dessous de
» la réclusion; que si la peine est celle des travaux forcés à temps, elle
» ne peut être abaissée au-dessous d'un an de prison. (Art. 463 du
» Code pénal.)

» Epouvanté de ces perspectives, il oppose à la doctrine de la sou-
» mission celle de l'omnipotence; il se fait rebelle plutôt que de se
» faire complice.

» A ce jeu-là, cette fois, c'est la loi qui ne trouve pas son compte;
» le résultat n'est pas meilleur. »

» Comme l'auteur de la proposition, la Commission du Sénat a
» pensé qu'il convenait de faire cesser cet état de choses.

» Persuadée que le mal qu'il importe de guérir n'est point, comme
» certains magistrats l'ont écrit, « un mal inévitable tenant à des
» causes exceptionnelles, à une diversité de circonstances que le légis-
» lateur ne peut pas prévoir, dont il ne lui est pas possible de conjurer
» les effets, » elle a pensé qu'il fallait chercher un remède à cette
» situation. »

Bornons là, Messieurs, cette longue citation. Assurément, votre
Commission ne saurait souscrire à toutes les appréciations émises
dans cet éloquent rapport.

L'honorable M. Bozérian n'est-il pas trop sévère envers le législateur lorsqu'il lui reproche « *d'avoir empiété sur la conscience du
jury* »?

Sans doute, dans la magistrale instruction contenue en l'article 342
du Code d'instruction criminelle, le législateur déclare aux jurés
qu'ils manquent à leur premier devoir lorsque, pensant aux dispositions des lois pénales, ils considèrent les suites que pourra avoir, par
rapport à l'accusé, le verdict qu'ils ont à émettre.

Mais, comme le fait remarquer un criminaliste éminent, « cette
» règle de pure abstraction, trop opposée aux tendances inévitables
» de l'esprit humain pour être praticable en réalité, a été incontes-
» tablement abrogée dans l'esprit du législateur de 1832, en ce qui
» concerne les circonstances atténuantes. C'est le législateur lui-même

» qui a convié le jury à juger la loi et à pondérer sa déclaration en
» conséquence, préférant une répression atténuée à des déclarations
» de non-culpabilité auxquelles le jury arriverait souvent plutôt que
» de voir appliquer, par suite de son verdict, une peine excessive
» suivant lui. »

Ces réserves faites, n'est-il pas juste de reconnaître que le mal
signalé par l'honorable M. Bozérian n'est pas chimérique?

L'opinion publique s'inquiète de la multiplicité des verdicts d'ac-
quittement, et, pour ne parler que du département de la Gironde,
comment ne serions-nous pas impressionnés du spectacle que nous
donne le jury? Il y a moins de dix-huit mois, le jury de la Gironde
aurait mérité d'être cité, entre tous les jurys, pour la fermeté éclairée
qu'il apportait dans la répression. Un souffle d'indulgence semble
avoir passé sur lui, et depuis un an, abandonnant en quelque sorte
ses traditions, il nous fait assister aux plus regrettables défaillances.

Nous pourrions citer telle session où le nombre des acquittements
a atteint l'énorme proportion de 50 pour cent. Ces résultats ne peuvent pas ne pas paraître excessifs lorsqu'on se rappelle que les affaires
ne sont renvoyées devant le jury qu'après avoir subi le double contrôle du juge d'instruction et de la chambre des mises en accusation.

A quelle cause faut-il attribuer ces trop nombreux acquittements?

Messieurs, nous sommes en face d'un phénomène social sur la
signification duquel il n'est guère possible de se méprendre.

Il s'est formé une sorte de courant général qui entraîne les jurys
les uns après les autres, et qui tend à réagir contre la sévérité de
pénalités jugées excessives.

Placé dans l'alternative d'émettre une réponse négative ou de
rapporter un verdict affirmatif entraînant l'application d'une peine
qu'il juge trop sévère, même avec l'adoucissement des circonstances
atténuantes, le jury rapporte une déclaration de non-culpabilité,
sacrifiant ainsi les intérêts de la société. Oui, Messieurs, nous le cons-
tatons avec regret, dans cette lutte qui se livre dans la conscience des
jurés, la loi succombe trop souvent. Que lorsque la culpabilité d'un
accusé étant bien démontrée, les jurés l'acquittent sous prétexte que
la loi est trop sévère, ils le peuvent sans doute en vertu de leur omnipotence, mais non sans se montrer infidèles à leur serment et sans
trahir la haute mission que le législateur leur a confiée.

Mais, Messieurs, à quoi servent les récriminations?

La loi a assigné aux jurés un rôle important dans le drame de la
Cour d'assises, et le législateur qui voudra faire œuvre utile ne peut
pas ne pas tenir compte, dans une sage mesure, de l'état des mœurs
sociales et des tendances du jury.

A l'unanimité, votre Commission a été d'avis qu'il y avait une
réforme à tenter pour remédier à cet état de choses, et c'est dans cet
esprit qu'elle a examiné la proposition de loi sur laquelle la Cour est
consultée.

§ 1. — Examen de la première partie de la proposition.

CIRCONSTANCES TRÈS ATTÉNUANTES.

Vous savez, Messieurs, quelle est l'économie de ce projet.

En toute matière criminelle, même en cas de récidive, le jury serait appelé à délibérer non seulement sur la question de savoir s'il existe des circonstances atténuantes en faveur de l'accusé, mais aussi sur le point de savoir s'il existe des circonstances très atténuantes.

Si les circonstances étaient reconnues très atténuantes par le jury, quelle serait la pénalité applicable?

La Cour serait tenue d'appliquer les dispositions de l'article 401 relatives à l'emprisonnement et à l'amende, sans pouvoir élever la peine de l'emprisonnement au-dessus de deux ans ni l'abaisser au-dessous de trois mois.

Disons-le tout de suite, Messieurs, cette proposition soulève des objections tellement graves, que votre Commission, à l'unanimité, estime qu'elle ne peut recevoir l'approbation de la Cour.

Et d'abord, dans tout système pénal bien conçu, la sévérité des peines doit être dans une juste proportion avec la gravité des délits.

Le projet de loi méconnaît manifestement cette règle : il efface, en quelque sorte, les qualifications des crimes et il brise l'échelle des peines.

Les circonstances très atténuantes promènent une sorte de niveau égalitaire sur tous les crimes, et qu'il s'agisse d'un parricide ou d'un vol qualifié, peu importe.

En face des circonstances très atténuantes, la proportionnalité dans la répression s'évanouit, tous les crimes sont égaux et ils sont tous soumis au même traitement : *maximum,* deux ans de prison ; *minimum,* trois mois.

Vraiment, Messieurs, une telle réforme serait-elle un progrès? Donnerait-elle satisfaction à l'idée de justice? Et s'il n'existait pas d'autre moyen d'assurer la répression de certains crimes, ne vaudrait-il pas mieux se résigner aux défaillances du jury?

Le projet — et c'est là la seconde critique formulée par votre Commission — énerverait la répression au delà de toute mesure.

Et, en effet, si atténuantes que nous puissions supposer les circonstances d'un assassinat, la conscience se refuse à admettre que ce crime puisse être sérieusement réprimé par un emprisonnement dont le *maximum* serait de deux ans et le *minimum* de trois mois. Une telle condamnation ne serait-elle pas dérisoire et ne blesserait-elle pas la conscience publique?

Remarquez enfin, Messieurs, cette étrange anomalie! Etant données les circonstances très atténuantes, l'assassinat ne pourrait être puni que d'une peine *maxima* de deux ans de prison, c'est-à-dire d'une peine inférieure au *maximum* des peines correctionnelles, de telle sorte qu'un vol simple serait susceptible d'être plus sévèrement châtié que l'assassinat!

Une législation qui consacrerait cette choquante anomalie serait manifestement incohérente.

Tels sont, Messieurs, les motifs pour lesquels votre Commission estime que cette proposition de loi ne saurait recevoir votre approbation.

Que la Cour ne se méprenne pas sur notre pensée. Nous n'avons aucune prévention contre la théorie des circonstances très atténuantes. Ce que nous critiquons, c'est la mise en œuvre. Ce qui nous paraît inadmissible, c'est, d'une part, l'absence de proportionnalité dans les châtiments, et, d'autre part, l'énervement de la répression. Ce qui nous inquiète, ce sont les éventualités redoutables, en face desquelles la proposition de loi, telle qu'elle est conçue, placerait la société. Nous examinerons dans un moment la question de savoir si la gradation des circonstances atténuantes ne pourrait pas être le point de départ d'un système qui éviterait les écueils que nous venons de signaler et qui donnerait la vraie solution du problème.

§ 2. — Révision limitée du Code pénal.

Dans ces derniers temps, des publicistes et des jurisconsultes se sont épris d'une idée, très séduisante au premier aspect, et qui consisterait dans la révision d'un nombre très limité d'articles du Code pénal, édictant des peines trop sévères.

Ce système a trouvé des partisans dans la Commission du Sénat; il a été éloquemment défendu dans la haute Assemblée par l'honorable M. Grandperret, et si les renseignements publiés par la presse sont exacts, il aurait reçu l'approbation de la Cour d'Agen.

Nous ne devons pas oublier qu'un magistrat distingué, M. Fournez, avocat général à la Cour de Riom, a été un des promoteurs de ce système.

Dans un discours de rentrée qui paraît avoir été fort remarqué, voici en quels termes s'exprime cet honorable magistrat :

« Il est des crimes, dit-il, pour lesquels le jury est souvent d'une « indulgence extrême, pour lesquels il se montre très libéral de » verdicts négatifs et véritablement prodigue de circonstances atté- » nuantes; tels sont, par exemple, les faits de banqueroute fraudu- » leuse, d'infanticide, d'incendie et de faux. Dans les affaires de ce » genre, et en face des résultats constatés par nos statistiques » criminelles, l'on peut dire que la considération de la peine influe » d'une manière certaine sur les décisions du jury, et que souvent la » rigueur du châtiment applicable est la cause de l'indulgence des » verdicts. S'il en est ainsi, pourquoi n'abaisserait-on pas les péna- » lités par lesquelles le Code réprime les faits dont nous venons de » parler? *Il y aurait dans la révision d'un nombre très limité d'ar-* » *ticles un moyen efficace d'assurer la répression en matière crimi-* » *nelle et de diminuer le nombre des verdicts de non-culpabilité.* »

Messieurs, quelque respectables que soient les autorités qui préconisent ce système, votre Commission ne pouvait abdiquer son droit de contrôle.

Elle s'est demandé si la méthode de la révision pouvait être appliquée sans de sérieux inconvénients à l'infanticide, à la banqueroute frauduleuse, au faux et à l'incendie volontaire.

A. Et d'abord, l'infanticide :

L'article 302 du Code pénal punit ce crime de la peine de mort.

La révision de l'article 302 ne pourrait donc consister que dans la suppression de la peine de mort et dans la substitution d'une autre peine.

Messieurs, est-il moralement possible de supprimer la peine de mort en matière d'infanticide? Telle est la première question qui s'offrait à l'examen de votre Commission.

L'infanticide est un des crimes qui demeurent le plus fréquemment impunis, et pourtant il n'en est pas un seul dont la répression soit plus désirable.

Isolons par la pensée l'infanticide de la cause impulsive et des suggestions malsaines qu'une pauvre fille séduite trouve trop souvent hélas! dans la misère, dans la honte et dans l'abandon.

Considérons le crime en lui-même, abstraction faite des circonstances qui peuvent, en certains cas, émouvoir la pitié du jury.

Est-il un crime qui porte une plus grave atteinte aux intérêts de la société? En est-il un plus atroce et qui accuse une plus grande perversion du sens moral? Eh quoi! l'inviolabilité de la vie humaine trouverait dans notre Code pénal la sanction exemplaire de la peine capitale. Mais, seule, la vie de l'enfant qui vient de naître n'aurait pas droit à cette protection!

Et pourquoi cette inégalité?

Serait-ce parce que la faiblesse de l'enfant le met hors d'état de se défendre contre la sauvage agression qui l'attend à son premier vagissement? En vérité, Messieurs, ce serait une étrange logique!

Dira-t-on qu'en pareille matière la peine de mort n'est qu'une vaine menace, et qu'elle pourrait être supprimée puisqu'elle n'est jamais appliquée?

Sans doute, l'infanticide est presque toujours accompagné de circonstances qui appellent la pitié sur la tête de la mère coupable, et qui font reculer le jury devant la rigueur du suprême châtiment. Mais qu'importe? N'est-il pas évident que l'infanticide ne pourrait disparaître de l'article 302 où il figure entre le parricide et l'empoisonnement, sans y laisser la trace de la plus monstrueuse des incohérences? Est-ce que la conscience de chacun de nous ne crie pas que la peine capitale doit demeurer dans notre Code pénal comme l'affirmation énergique de la protection que la société doit à la vie des enfants nouveau-nés?

Messieurs, le rapporteur est assuré d'être l'interprète des sentiments de la Commission, et il a le légitime espoir de répondre au sentiment unanime de la Cour en disant qu'une législation qui effacerait la peine de mort en matière d'infanticide et qui la laisserait subsister comme sanction du plus vulgaire des assassinats, serait indigne d'un pays civilisé.

Ainsi, Messieurs, dès le premier pas que nous faisons dans la voie de la révision partielle, nous nous trouvons en face d'une impossibilité morale. Et pourtant, nous n'avons pas épuisé le sujet! Serait-il opportun de soulever aujourd'hui le redoutable problème de la peine de mort?

L'article 302 punit de la peine capitale tout coupable d'assassinat, de parricide, d'infanticide et d'empoisonnement.

Ne nous faisons pas illusion. Le jour où une brèche serait faite à cet article, la peine de mort serait moralement condamnée, et l'abolition totale ne serait qu'une question de temps.

Dans la pensée de votre Commission, la révision du Code pénal serait semée de périls, et elle pourrait avoir une portée et des conséquences qui ne sont ni dans les vœux ni dans les prévisions des partisans de ce système.

Mais poursuivons notre examen.

B. On cite, en second lieu, comme étant susceptible de révision la pénalité qui réprime la banqueroute frauduleuse. Dans l'état actuel de notre législation, la banqueroute frauduleuse est punie des travaux forcés à temps.

Combinée avec les circonstances atténuantes, cette pénalité peut descendre à un minimum de deux ans de prison. Est-ce que cette peine est vraiment trop sévère lorsqu'il s'agit de réprimer un crime qui peut affecter un tel caractère de gravité?

Disons-le, Messieurs, en pareille matière, les défaillances du jury ne sauraient trouver une excuse dans les sévérités de la loi.

Mais nous devons signaler à votre attention un écueil que les partisans de ce système semblent ne pas avoir aperçu.

A remanier partiellement un édifice, on court le risque d'en compromettre la solidité et l'harmonie. Ce danger d'ordre architectural n'est pas moins à craindre lorsqu'il s'agit de porter la main à une conception de l'esprit humain, à un système pénal où tout, infractions et peines, a été défini, réglé et pondéré suivant une saine appréciation morale.

Prenons un exemple :

Comme la banqueroute frauduleuse, le vol commis à l'aide d'escalade et d'effraction est puni des travaux forcés à temps.

Qu'on révise la pénalité afférente à la banqueroute frauduleuse sans modifier les peines relatives aux vols qualifiés, et voyez, Messieurs, à quelles étranges conséquences on aboutit!

Un malheureux qui, sous l'impulsion de la faim, aurait volé une somme de 15 francs à l'aide d'escalade et d'effraction, serait passible des travaux forcés à temps, tandis que le banqueroutier, qui aurait frauduleusement détourné au préjudice de ses créanciers 100, 200 ou 500,000 francs, serait à l'abri d'une telle pénalité! Est-ce que cela serait juste? Et que deviendrait alors cette sorte d'équation établie par le législateur entre ces deux crimes? Et d'ailleurs, s'est-on préoccupé de l'effet moral que produirait la manifestation de cette excessive indulgence à l'égard de la banqueroute frauduleuse?

Une telle réforme ne serait pas accueillie avec faveur par le commerce, et elle pourrait avoir un contre-coup fâcheux sur le crédit.

C. La révision des articles afférents aux crimes de faux et d'incendie ne soulèverait pas, il est vrai, les mêmes objections. Mais nous devons appeler l'attention de la Cour sur un autre ordre de considérations.

Les partisans de ce système nous promettent une révision très limitée. En quoi consisterait la solution du problème? Il s'agirait uniquement de modifier trois ou quatre articles du Code pénal. Serait-il vraiment si facile de circonscrire le champ de la révision?

A cet égard, Messieurs, les appréciations sont bien divergentes.

Si votre Commission avait reçu mission de dresser la liste des articles du Code pénal sur lesquels devrait porter la révision, elle y aurait fait figurer en première ligne les dispositions qui répriment la tentative et la complicité, parce qu'elles sont défectueuses entre toutes et qu'elles sont vivement critiquées par les criminalistes les plus autorisés.

Permettez-nous, Messieurs, de rappeler à votre souvenir une très intéressante page de Montesquieu, en ce qui concerne l'assimilation du recéleur ou voleur (*Esprit des Lois,* liv. XXIX, chap. XII) :

« Les lois grecques et romaines punissaient le recéleur du vol
» comme le voleur; la loi française fait de même. Celles-là étaient
» raisonnables, celle-ci ne l'est pas. Chez les Grecs et chez les Ro-
» mains, le voleur étant condamné à une peine pécuniaire, il fallait
» punir le recéleur de la même peine; car tout homme qui contribue,
» de quelque façon que ce soit, à un dommage doit le réparer. Mais,
» parmi nous, la peine du vol étant capitale, on n'a pas pu, sans
» outrer les choses, punir le recéleur comme le voleur. Celui qui
» reçoit le vol peut, en mille occasions, le recevoir innocemment;
» celui qui vole est toujours coupable; l'un empêche la conviction
» d'un crime déjà commis, l'autre commet ce crime; tout est passif
» dans l'un, il y a une action dans l'autre : il faut que le voleur sur-
» monte plus d'obstacles, et que son âme se raidisse plus longtemps
» contre les lois.

» Les jurisconsultes ont été plus loin; ils ont regardé le recéleur
» comme plus odieux que le voleur; car, sans eux, disent-ils, le vol ne
» pourrait être caché longtemps. Cela, encore une fois, pouvait être
» bon quand la peine était pécuniaire : il s'agissait d'un dommage, et
» le recéleur était ordinairement plus en état de le réparer; mais, la
» peine devenue capitale, il aurait fallu se régler sur d'autres prin-
» cipes. »

Hélas! Messieurs, combien il faut quelquefois de temps à une idée juste pour faire son chemin! C'est en 1748 que parut la première édition de ce monument de bon sens qui s'appelle l'*Esprit des Lois.*

Depuis cette époque, notre système pénal a été remanié bien souvent, et l'assimilation du recel au vol a survécu à toutes les critiques. Vous savez quel est le traitement que l'article 62 du Code pénal inflige au complice par recel : il est puni des peines qui frappent l'auteur principal, de telle sorte que, si la complicité par recel se rattache à un vol qualifié, le recéleur encourt la peine édictée contre le voleur, bien qu'il ait ignoré d'ailleurs les circonstances aggravantes qui caractérisent le crime.

Voilà, sans contredit, la disposition la plus vicieuse de notre Code, la plus féconde en verdicts de non-culpabilité, et pourtant elle ne figure pas dans le programme des articles sur lesquels devrait porter la révision!

La conclusion qui se dégage de ces observations, c'est que la révision partielle pourrait prendre des proportions inattendues.

A part quelques imperfections de détail, notre Code présente un système harmonieux dans lequel les dispositions sont, dans une certaine mesure, solidaires les unes des autres.

La révision d'un texte appellerait le remaniement d'un autre texte avec lequel il est en étroite relation, et, de proche en proche, la révision partielle pourrait aboutir à une révision générale.

Votre Commission estime qu'il ne serait ni opportun ni prudent de faire courir à nos institutions pénales une telle aventure.

Jusqu'à présent, Messieurs, nous ne vous avons apporté que des critiques et des solutions négatives. Mais le travail de votre Commission ne doit pas aboutir à une négation.

Le remède à la situation, nous croyons l'avoir trouvé; il consiste :

1º Dans une combinaison nouvelle des circonstances atténuantes;
2º Dans la limitation du nombre des récusations des jurés.

§ 3. — Système de la Commission.

A. CIRCONSTANCES TRÈS ATTÉNUANTES.

En étudiant les origines historiques de la loi sur les circonstances atténuantes, votre Commission a été frappée des analogies qui existent entre l'époque actuelle et la situation en face de laquelle se trouvait le législateur de 1832.

Alors, comme aujourd'hui, l'opinion publique était justement émue de la multiplicité des acquittements prononcés par le jury.

Alors, plus qu'aujourd'hui encore, les publicistes et les jurisconsultes estimaient que notre législation pénale était empreinte d'une trop grande sévérité.

Alors, comme aujourd'hui, il était question de réviser notre système répressif.

Vous savez, Messieurs, à l'aide de quelle combinaison, non moins humaine qu'ingénieuse, le législateur de 1832 résolut le problème.

La théorie des circonstances atténuantes s'imposa parce que, dans la pensée du législateur, elle devait réaliser un double bienfait.

D'une part, elle devait fournir le moyen de tenir compte, dans chaque procès et à l'égard de chaque inculpé, des nuances infiniment variées de la culpabilité individuelle, nuances qui échappent nécessairement aux prévisions de la loi.

D'autre part, le système des circonstances atténuantes permettant au juge de remédier, dans l'application, à l'imperfection de la loi pénale, dispensait le législateur de procéder à une révision générale du Code, révision qui n'eût été exempte ni de difficultés ni de périls.

Dans ce sens, la loi de 1832 a été un expédient, mais un expédient dans la meilleure acception du mot.

Tous les travaux préparatoires témoignent de cette préoccupation du législateur, et permettez-nous de vous citer à cet égard quelques fragments du remarquable rapport que M. Dumon présentait à la Chambre des députés :

« Le système des circonstances atténuantes, disait-il, sert à éluder » de très graves difficultés qui se présentent dans la législation crimi-» nelle; il résoudra, dans la pratique, les plus fortes objections contre » la peine de mort, contre la théorie de la récidive, de la complicité, » de la tentative. Qu'importe, en effet, que la peine de mort soit une » peine égale pour tous, et qui ne peut par conséquent s'appliquer » avec équité à des crimes souvent inégaux, si l'admission des circons-» tances atténuantes permet d'écarter la peine de mort dans les cas » les plus favorables? Qu'importe que la récidive ne procède pas tou-» jours d'un progrès d'immoralité, et par conséquent ne mérite pas » toujours une aggravation de peine, si, dans les cas privilégiés, l'ad-» mission des circonstances atténuantes écarte cette aggravation? » Qu'importe que la complicité, si diverse dans ses formes et sa crimi-» nalité, ne puisse toujours être assimilée au crime principal, si l'ad-

» mission des circonstances atténuantes rétablit les différences que
» l'assimilation générale du complice à l'auteur du crime a négligées?
» Qu'importe enfin que la loi égale dans tous les cas la tentative à
» l'exécution, quoique, dans l'opinion commune, la gravité d'un crime
» se mesure en partie aux résultats qu'il a produit, si l'admission des
» circonstances atténuantes permet au jury de tenir compte à l'accusé
» du bonheur qu'il a eu de ne pouvoir commettre son crime? Qu'on
» y pense bien, toutes ces questions si ardues, si controversées, dans
» l'examen desquelles il serait si difficile, même approximativement,
» de formuler les différences et de marquer les degrés, peuvent se
» résoudre, avec autant de facilité que de justesse, par le système des
» circonstances atténuantes confié à la droiture du jury. »

Eh bien! Messieurs, votre Commission s'est demandé si le remède
à la situation actuelle ne pourrait pas se trouver dans un système qui
établirait une gradation dans les circonstances atténuantes et un abaissement proportionnel des minimums de l'article 463 du Code pénal.

Vous savez, Messieurs, quelle est l'économie de l'article 463.

En matière criminelle, lorsque les circonstances atténuantes sont
admises, la Cour a l'obligation d'abaisser la peine de un degré, et elle
a la faculté de l'abaisser de deux degrés.

En quoi consisterait l'innovation proposée par la Commission?

En cas d'admission par le jury de circonstances très atténuantes, la
Cour aurait l'obligation d'abaisser la peine de deux degrés, et la faculté
de l'abaisser de trois degrés.

Pour que la pensée de la Commission soit plus saisissante, nous lui
avons donné une formule législative. La voici :

Disposition à ajouter à l'article 463 :

« Les peines prononcées par la loi contre celui ou ceux des accusés
» reconnus coupables, en faveur de qui le jury aura déclaré les cir
» constances très atténuantes, seront modifiées ainsi qu'il suit :

» Si la peine prononcée par la loi est la mort, la Cour appliquera la
» peine des travaux forcés à temps ou celle de la réclusion.

» Si la peine est celle des travaux forcés à perpétuité, la Cour ap
» pliquera la peine de la réclusion ou les dispositions de l'article 401,
» sans toutefois pouvoir réduire la durée de l'emprisonnement au
» dessous de trois ans.

» Si la peine est celle de la déportation dans une enceinte fortifiée,
» la Cour appliquera celle de la détention ou du bannissement; mais
» dans les cas prévus par les articles 96 et 97, la peine du bannissement
» sera seule appliquée.

» Si la peine est celle de la déportation, la Cour appliquera la peine
» du bannissement ou celle de la dégradation civique.

» Si la peine est celle des travaux forcés à temps, la Cour appli
» quera les dispositions de l'article 401, sans toutefois pouvoir réduire
» la durée de l'emprisonnement au-dessous d'un an.

» Si la peine est celle de la réclusion, de la détention, du bannis
» sement, ou de la dégradation civique, la Cour appliquera les dispo
» sitions de l'article 401, sans toutefois pouvoir réduire la durée de
» de l'emprisonnement au-dessous de six mois.

» Dans le cas où le Code pénal prononce le maximun d'une peine
» afflictive, s'il existe des circonstances très atténuantes, la Cour ap
» pliquera la peine inférieure, ou les dispositions de l'article 401, sans

» toutefois pouvoir réduire la durée de l'emprisonnement au-dessous
» de deux ans. »

Telle est, Messieurs, la disposition que votre Commission désire-
rait voir ajouter à l'article 463 du Code pénal.

Quelles sont les données du problème à résoudre ? Quel doit être
l'objectif du législateur ? Il s'agit de trouver une combinaison qui
atténue les pénalités d'une façon suffisante pour que le jury ne re-
cule pas devant un châtiment mérité. Mais, il faut d'autre part
éviter l'écueil d'une répression débilitée.

Eh bien ! Messieurs, votre Commission estime que la proposition
qu'elle soumet à votre appréciation réalise ce double but.

Notre combinaison emprunte à la proposition de loi déposée par la
Commission du Sénat l'idée féconde des circonstances très atténuantes,
mais elle diffère de cette proposition par les côtés essentiels, et
elle évite, selon nous, le double vice que nous signalions dans le projet dont M. Bozérian a été l'éloquent rapporteur.

En toute matière criminelle, le jury serait appelé à délibérer sur le
point de savoir s'il existe des circonstances atténuantes ou même
des circonstances très atténuantes.

A la déclaration du jury admettant les simples circonstances atténuantes correspondrait un abaissement obligatoire de un degré et
un abaissement facultatif de deux degrés. A la déclaration du jury
reconnaissant l'existence de circonstances très atténuantes correspondrait un abaissement obligatoire de deux degrés, et un abaissement
facultatif de trois degrés.

Vous le voyez, Messieurs, à part la création d'une nouvelle catégorie de circonstances atténuantes, le système de votre Commission
reste fidèle à l'esprit et à la sage ordonnance de la loi de 1832.

D'une part, il respecte l'ingénieuse pondération établie par le
législateur entre les pouvoirs du jury et les pouvoirs de la Cour
d'assises. D'autre part, il ne méconnaît ni les qualifications des
crimes, ni les différences des peines qu'ils entraînent.

Même en cas de circonstances très atténuantes, l'abaissement de la
pénalité demeure dans une juste proportion avec la gravité du crime.

Telle est, Messieurs, la première mesure législative que nous sou-
mettons à votre appréciation. Si nous tenons compte de notre état
social, nous croyons pouvoir dire sans témérité que cette innovation
apporterait dans notre système pénal une révolution moins profonde
que celle qu'a réalisée la loi de 1832.

Une innovation éveille toujours quelques défiances, et votre Commission n'a pas la prétention de formuler un système qui échappe à
toutes critiques.

Pourquoi, dira-t-on, créer une nouvelle catégorie de circonstances
atténuantes ? Le public a déjà une certaine difficulté à comprendre
qu'il puisse exister des circonstances atténuantes lorsqu'il les rappro-
che des faits prouvés contre un accusé. Que sera-ce lorsqu'on par-
lera de circonstances très atténuantes ?

Messieurs, cette objection n'est pas nouvelle, elle s'adressait à la
loi de 1832. Le législateur n'en fut pas trop vivement impressionné,
et l'événement a prouvé qu'il avait raison puisque notre société a
vécu pendant plus de cinquante ans sous la protection de cette législation bienfaisante.

Mais serrons l'objection de plus près. En fait, est-ce que les circonstances qui peuvent influer sur la criminalité ne sont pas infiniment variées? Et s'il en est ainsi, pourquoi ne pas permettre au jury de manifester son appréciation sur le degré de culpabilité pour que la Cour tienne compte de cette manifestation dans l'application de la peine?

En quoi une telle conception pourrait-elle choquer la raison, alors qu'elle répond non seulement à la réalité des faits, mais encore à une idée de justice?

D'ailleurs, Messieurs, s'il ne faut pas porter une main téméraire sur les institutions pénales d'un pays, nous pensons néanmoins que ces institutions ne sont pas et ne peuvent pas être immuables, puisque elles doivent être l'expression des mœurs de la société.

De 1832 à 1886, notre civilisation a parcouru une étape, au terme de laquelle l'opinion publique semble réclamer un adoucissement des pénalités. Cette atténuation, votre Commission estime qu'il faut la demander non à une révision du Code pénal, mais au perfectionnement d'une institution qui a déjà reçu la consécration du temps : nous avons nommé la théorie des circonstances atténuantes.

Peut-être dira-t-on aussi que le jury, pouvant reconnaître l'existence des circonstances très atténuantes, usera de cette faculté jusqu'à l'abus et que la répression se trouvera ainsi énervée?

Sans doute, Messieurs, les institutions humaines les mieux conçues ont un côté vulnérable, mais pour apprécier sainement leur caractère d'utilité sociale, il faut faire la somme des avantages et celle des inconvénients.

Les avantages de l'institution des circonstances très atténuantes nous paraissent indéniables.

La faculté accordée au jury de reconnaître l'existence de circonstances très atténuantes diminuerait d'une façon sensible le nombre des acquittements, et elle imprimerait aux verdicts de culpabilité un caractère de dignité et de sincérité qui leur a souvent manqué.

Vous savez, Messieurs, à quel expédient les jurés ont recours pour faire fléchir une pénalité qui leur paraît excessive : ils écartent, au moyen d'une déclaration mensongère qui doit coûter à leur conscience les circonstances aggravantes les mieux caractérisées et les mieux établies.

Votre Commission pense que, grâce à l'institution des circonstances très atténuantes, le jury renoncerait à une pratique qui ne rehausse ni la dignité ni le prestige de la justice.

Revenons, Messieurs, à l'objection.

En parlant de l'éventualité de l'énervement de la répression, n'exagère-t-on pas singulièrement le danger?

On oublie que si le jury accordait abusivement les circonstances très atténuantes, la Cour d'assises aurait le pouvoir de corriger les effets d'une telle déclaration en s'arrêtant, dans l'application de la peine, au deuxième degré d'abaissement.

Et s'il en était ainsi, la répression serait-elle vraiment énervée d'une façon inquiétante pour la société? Mais ce n'est pas tout.

A ce premier correctif, votre Commission propose d'en ajouter un autre, sur l'efficacité duquel elle fonderait les plus sérieuses espérances si sa proposition avait l'heureuse fortune de rencontrer votre approbation et la sanction du législateur.

B. limitation du nombre des récusations des jurés.

Vous savez, Messieurs, qu'aux termes des dispositions des articles 400 et suivants du Code d'instruction criminelle, tous les jurés composant la liste de session peuvent être récusés tant par le ministère public que par l'accusé, à l'exception des douze jurés appelés à former le jury de jugement.

Ce droit de récusation est vraiment excessif. Dans la pratique, il a pour conséquence d'éliminer du jury de jugement les hommes les plus éclairés et ceux qui présenteraient les meilleures garanties au point de vue d'une saine répression.

Votre Commission estime que le droit de récusation devrait être limité.

Les récusations exercées tant par le ministère public que par les accusés, devraient porter seulement sur le nombre des jurés représentant le tiers du jury de la liste. Ainsi, étant donnée une liste composée de 36 jurés, il ne pourrait être exercé que 12 récusations : 6 par les accusés, 6 par le ministère public. On laisserait subsister en faveur des accusés le privilège consacré par le dernier paragraphe de l'article 401, c'est-à-dire que si les jurés étaient en nombre impair, les accusés auraient le droit d'exercer une récusation de plus que le ministère public.

Voilà la précaution dont votre Commission voudrait entourer l'institution des circonstances très atténuantes, et elle a la ferme conviction que, grâce à cette garantie, non seulement cette innovation ne présenterait aucun sérieux danger, mais qu'elle serait un bienfait pour la société.

§ 4. — Système proposé par un membre dissident de la Commission.

Au cours de la discussion, un de nos honorables collègues, M. l'avocat général Valler, a proposé un système qui a un point commun avec celui de la Commission, en ce sens qu'il abaisse les minimums de l'article 463, mais qui procède néanmoins d'une inspiration absolument différente.

Cette proposition a été formulée par l'auteur dans les termes suivants :

« *Proposition de modification à apporter à l'article 463 du Code* » *pénal.*

» Les peines prononcées par la loi contre celui ou ceux des accusés » reconnus coupables, en faveur de qui le jury aura déclaré les » circonstances atténuantes, seront modifiées ainsi qu'il suit :

« Si la peine prononcée par la loi est la mort, la Cour appliquera la » peine des travaux forcés à perpétuité, ou celle des travaux forcés à » temps, ou *celle de la réclusion.* Néanmoins, s'il s'agit de crimes » contre la sûreté extérieure et intérieure de l'État, la Cour appliquera » la peine de la déportation, celle de la détention ou *celle du bannis-* » *sement,* mais dans les cas prévus par les articles 96 et 97, elle appli-

» quera la peine des travaux forcés à perpétuité, ou celle des travaux
» forcés à temps, ou *celle de la réclusion.* »

» Si la peine est celle des travaux forcés à perpétuité, la Cour appli-
» quera la peine des travaux forcés à temps, celle de la réclusion, où
» les *dispositions de l'article 401, sans toutefois pouvoir réduire*
» *la durée de l'emprisonnement au-dessous d'un an.* — Si la peine
» est celle de la déportation, la Cour appliquera la peine de la déten-
» tion, ou celle du bannissement, ou *celle de la dégradation civique.*

» Si la peine est celle des travaux forcés à temps, la Cour appliquera
» la peine de la réclusion ou les dispositions de l'article 401, sans
» toutefois pouvoir réduire la durée de l'emprisonnement *au-dessous*
» *de six mois.*

» Si la peine est celle de la réclusion, de la détention, du bannisse-
» ment ou de la dégradation civique, la Cour appliquera les disposi-
» tions de l'article 401, sans toutefois pouvoir réduire l'emprisonnement
» *au-dessous de trois mois.*

» Dans le cas où le Code prononce le maximum d'une peine afflic-
» tive, s'il existe des circonstances atténuantes, la Cour appliquera le
» minimum de la peine. Elle pourra même abaisser la peine de deux
» degrés.

» Le reste de l'article 463 maintenu, en ajoutant la clause de
» l'amende à substituer à l'emprisonnement.

» Comme corollaire et pour mieux graduer l'échelle des peines, l'au-
» teur proposerait la modification suivante à l'article 21 du Code pénal.

» La durée de cette peine (réclusion) sera au moins de deux années
» et de dix ans au plus. »

L'idée qui a présidé à la conception de ce système se dégage d'elle-
même. Notre honorable collègue se défie des tendances du jury, il ne
veut point augmenter ses attributions, mais, en manière de compen-
sation, en cas de déclaration de circonstances atténuantes, il attribue
libéralement à la Cour d'assises des pouvoirs tellement étendus, qu'ils
éveillent dans l'esprit comme un souvenir lointain des peines arbi-
traires de l'ancienne jurisprudence.

Messieurs, notre appréciation est-elle exagérée? La Cour va pouvoir en juger. Supposez un crime puni de la peine de mort; mais le
jury a admis les circonstances atténuantes. Dans cette hypothèse, la
Cour pourra, à son gré, appliquer la peine des travaux forcés à perpétuité, ou celle des travaux forcés à temps, ou celle de la réclusion, et,
chose remarquable! cette dernière peine pourra descendre jusqu'à un
minimum de deux ans, si l'article 21 du Code pénal est modifié confor-
mément au désir exprimé par l'auteur de la proposition.

En apparence, les circonstances très atténuantes sont impitoyable
ment bannies de cette conception. Mais ne nous arrêtons pas à la
lettre. Si les circonstances très atténuantes ne sont pas expressément
visées, est-ce qu'elles ne constituent pas en réalité le fond et la raison
d'être du système? Comment expliquer autrement cette latitude
énorme laissée à la Cour d'assises de prononcer la peine des travaux
forcés à perpétuité ou celle de deux ans de réclusion?

N'est-ce pas là un hommage implicite rendu à cette vérité d'ailleurs
indéniable, à savoir qu'il existe, dans certains cas, des circonstances
très atténuantes?

Cette proposition peut être exactement définie en ces termes : « Le système des circonstances très atténuantes tacites, dont la connaissance est dévolue non au jury, mais à la Cour d'assises. »

La proposition de notre honorable collègue n'a pas conquis une adhésion au sein de la Commission, parce qu'elle soulève de graves objections ; les unes, d'ordre théorique, les autres d'ordre pratique.

Et d'abord, au point de vue théorique, ce système méconnaît l'essence même des circonstances atténuantes, et il porte une grave atteinte à l'ingénieuse et sage pondération que le législateur de 1832 a établie entre les pouvoirs du jury et ceux de la Cour d'assises.

Dans l'exposé des motifs de la loi de 1832, nous trouvons cette excellente définition des circonstances atténuantes.

« Les circonstances atténuantes ne sont pas des accessoires du fait » principal ; elles sont une partie essentielle du fait lui-même, elles » déterminent son plus ou moins haut degré d'immoralité ; ce vol est » moins criminel parce que le coupable n'a pas eu pleine conscience » de son crime, parce qu'il a été séduit, passionné, parce qu'il a fait » des aveux, témoigné du repentir, essayé une réparation. Comment » détacher du fait principal ces circonstances ? »

Ainsi, Messieurs, les circonstances atténuantes font partie intégrante du fait lui-même. Et voilà pourquoi le législateur de 1832 a attribué non à la Cour d'assises, mais au jury qui est juge du fait, le droit de déclarer qu'il existe des circonstances atténuantes en faveur de tel accusé.

Admirons ici l'ingénieuse pondération de pouvoirs qui préside à la loi de 1832 ! Le jury est juge de la culpabilité, mais il a une action limitée sur l'application de la peine, puisque l'admission des circonstances atténuantes place la Cour d'assises dans l'obligation d'abaisser la peine de un degré.

De son côté, la Cour d'assises a une part limitée dans l'appréciation du fait puisque, les circonstances atténuantes étant admises, elle peut abaisser la peine de deux degrés.

Telle est, Messieurs, la sage économie de l'article 463.

Eh bien ! Sous l'habile prétérition de la forme, est-ce que la proposition de notre honorable collègue ne tendrait pas à destituer le jury d'une part de ses attributions ?

Est-ce qu'elle n'investirait pas la Cour d'assises de pouvoirs excessifs ? Est-ce qu'elle ne romprait pas l'équilibre au moyen duquel le législateur de 1832 a si sagement pondéré les pouvoirs respectifs du jury et de la Cour d'assises ?

Disons-le en passant, si de tels pouvoirs étaient donnés aux magistrats, ils en sauraient un médiocre gré au législateur qui les aurait si libéralement gratifiés.

Est-ce que la conscience des juges ne serait pas inquiète lorsque, dans un cas donné, elle se trouverait en face d'une échelle de pénalités, dont le premier échelon serait représenté par les travaux forcés à perpétuité, et le dernier, par un minimum de deux ans de réclusion ?

L'opinion publique ne serait-elle pas quelquefois déconcertée par certains arrêts prononcés par les Cours d'assises ?

Supposez une affaire d'assassinat dans laquelle le jury a admis des circonstances atténuantes. Dans l'espèce, les circonstances ne sont

pas seulement atténuantes, elles sont exceptionnellement atténuantes. S'inspirant de cette situation, la Cour épuise tous les degrés de l'atténuation; elle condamne l'accusé à deux ou cinq ans de réclusion. Est-ce que le public comprendrait une telle décision? Il la comprendrait, sans doute, si elle procédait d'une déclaration de circonstances très atténuantes rapportée par le jury. Mais lorsque le jury, qui est juge du fait, n'aurait émis qu'une déclaration banale de circonstances atténuantes, le public aurait de la peine à concevoir une telle indulgence de la part des magistrats. Les débats de la Cour d'assises passionnent l'opinion publique. Serait-il prudent d'exposer les magistrats aux critiques souvent peu mesurées de la presse et du public?

Nous abordons enfin l'objection décisive, celle qui a le plus vivement impressionné la Commission.

Nous rendons tous un sincère hommage aux excellentes intentions de notre sympathique collègue : il a voulu assurer les intérêts de la répression, et il a cru pouvoir atteindre le but en abaissant les minimums de l'article 463. Mais votre Commission estime que ce but serait complètement manqué. Et, en effet, si les résistances à vaincre venaient de la part des magistrats, chargés d'appliquer la loi, le remède serait certainement efficace. Mais les magistrats ne faillissent pas et ne peuvent pas faillir à leur devoir. C'est un autre facteur avec qui il s'agit de compter et aux scrupules de qui il faut donner une légitime satisfaction.

Notre honorable collègue abaisse les minimums de l'article 463, c'est vrai, mais (et c'est là qu'est le vice de son système) le jury n'aurait sur la pénalité d'autre action que celle que lui confère la loi de 1832.

En d'autres termes, la déclaration de circonstances atténuantes placerait le jury en face d'une certitude et d'une éventualité : certitude d'un abaissement de un degré; éventualité d'abaissement de plusieurs degrés. Eh bien! Messieurs, espérer que ce serait à l'aide d'une éventualité de cette nature qu'on pourrait avoir une prise sur le jury et triompher de ses résistances, ne serait-ce pas une décevante illusion?

Au point de vue de la répression, la situation ne serait pas modifiée. Peut-être même serait-elle aggravée. Le jury pourrait être choqué de la défiance que témoignerait à son égard le législateur dans une loi où les pouvoirs des magistrats recevraient une extension si démesurée.

Votre Commission estime qu'il est tout à la fois plus conforme à la théorie, plus sage et plus pratique « de confier à la droiture du jury » le système des circonstances très atténuantes contenu dans les limites et entouré des précautions que nous avons précisées.

Deuxième partie. — La deuxième partie de la proposition, sur laquelle la Cour est consultée, a pour objet de combler dans notre législation criminelle une lacune qui a été la source d'une vive controverse en doctrine et en jurisprudence.

Le dernier paragraphe de l'article 463 est ainsi conçu :

« Dans tous les cas où la peine de l'emprisonnement et celle de
» l'amende sont prononcées par le Code pénal, si les circonstances
» paraissent atténuantes, les tribunaux correctionnels sont autorisés,

» même en cas de récidive, à réduire l'emprisonnement même au-
» dessous de six jours, et l'amende même au-dessous de 16 francs. Ils
» pourront aussi prononcer séparément l'une ou l'autre de ces peines,
» et même substituer l'amende à l'emprisonnement, sans qu'en
» aucun cas elle puisse être au-dessous des peines de simple police. »

L'interprétation de cette disposition a soulevé de sérieuses difficultés.

Aux termes de l'article 466 du Code pénal, les amendes de simple
police peuvent varier de 1 à 15 francs.

Lorsque l'article applicable au délit poursuivi prononce cumulati-
vement la peine de l'emprisonnement et celle de l'amende et que, par
suite de l'admission de circonstances atténuantes, le juge croit ne
devoir appliquer que la seconde de ces peines, il peut se mouvoir
entre le maximum déterminé par l'article afférent au délit et le
minimum des peines de simple police.

A cet égard, il n'y a jamais eu de difficulté.

Mais quand l'article applicable ne prononce que la peine de l'emprisonnement, quel sera le maximum de l'amende ?

C'est autour de cette question que s'est agitée une assez vive controverse.

D'après la jurisprudence de la Cour de Poitiers, en pareil cas, les
juges doivent fixer cette amende dans les limites du minimum au
maximum des peines correctionnelles; ils ne sont pas tenus de
prononcer nécessairement le minimum de ces amendes. (Poitiers,
18 juillet 1861.)

Au contraire, d'après la majorité des Cours et d'après la jurisprudence de la Cour de cassation, les tribunaux correctionnels, autorisés
dans le cas de circonstances atténuantes à substituer l'amende à
l'emprisonnement, ne doivent, si le délit n'est puni par la loi que
d'une peine d'emprisonnement, substituer à cette peine qu'une amende
n'excédant pas le minimum des amendes correctionnelles, c'est-à-dire
16 francs.

Si la controverse est épuisée, il n'en est pas moins vrai qu'il existe
dans le dernier paragraphe de l'article 463 une lacune qui peut être
pour les tribunaux la source de sérieux embarras.

« Si les tribunaux, dit l'honorable M. Bozérian, trouvent la peine
» de l'emprisonnement trop grave, et s'ils veulent la remplacer par
» celle de l'amende, ils ne peuvent prononcer qu'une amende de
» 16 francs au plus, c'est-à-dire une peine qui, dans certaines circons-
» tances, serait vraiment dérisoire.

» Elle le serait assurément en matière d'outrages à des magistrats
» de l'ordre administratif ou judiciaire et à des jurés (art. 222 et
» 223 C. P.), de voies de fait contre un magistrat dans l'exercice de
» ses fonctions (art. 228), en matière aussi de critiques ou de censures
» dirigées par les ministres des cultes contre les actes de l'autorité
» publique (art. 201 et 202).

» En cas pareil, ainsi qu'il est dit dans l'exposé des motifs, vingt-
» quatre heures de prison peuvent paraître trop, mais 16 francs d'amende
» ne sont certainement pas assez. »

La Commission du Sénat propose d'ajouter au dernier paragraphe
de l'article 463 la disposition suivante :

« Dans le cas où l'amende est substituée à l'emprisonnement, si la

» peine de l'emprisonnement est seule prononcée par l'article dont il » est fait application, le maximum de cette amende sera de 3,000 fr. »

Cette disposition, Messieurs, n'a soulevé aucune objection ni dans la Commission du Sénat, ni dans la haute Assemblée.

Elle comble une lacune qui était vraiment regrettable.

A l'unanimité, votre Commission vous propose de lui donner votre approbation.

En résumé, votre Commission vous propose :

1° D'émettre un avis défavorable en ce qui concerne la première partie du projet de loi présenté par la Commission du Sénat;

2° De donner votre approbation à la deuxième partie de cette proposition;

3° De donner votre approbation à l'amendement élaboré par votre Commission et développé dans le paragraphe 3 du présent rapport.

Après discussion, les conclusions de ce rapport ont été adoptées, à la majorité, par la Cour d'appel de Bordeaux, réunie en assemblée générale, à la fin de l'année judiciaire 1885-1886.

Bordeaux. — Imp. G. GOUNOUILHOU, rue Guiraude, 11

www.ingramcontent.com/pod-product-compliance
Lightning Source LLC
Chambersburg PA
CBHW070209200326
41520CB00018B/5564